CHEMINS DE FER

DÉPARTEMENTA[UX]

OU

D'INTÉRÊT LOCAL

A BON MARCHÉ

PAR

CH. TELLIER

Ingénieur civil

PRIX : 1 FRANC 50

PARIS

LIBRAIRIE SCIENTIFIQUE, INDUSTRIELLE ET AGRICOLE

EUGÈNE LACROIX, ÉDITEUR

LIBRAIRE DE LA SOCIÉTÉ DES INGÉNIEURS CIVILS

15, QUAI MALAQUAIS 15

1867

LES

CHEMINS DE FER DÉPARTEMENTAUX

OU

D'INTÉRÊT LOCAL

À BON MARCHÉ

Paris. — Typographie E. Panckoucke et Ce, quai Voltaire, 13.

LES

CHEMINS DE FER

DÉPARTEMENTAUX

OU

D'INTÉRÈT LOCAL

A BON MARCHÉ

PAR

CH. TELLIER

Ingénieur civil

PRIX : 1 FRANC 50

PARIS

LIBRAIRIE SCIENTIFIQUE, INDUSTRIELLE ET AGRICOLE

EUGÈNE LACROIX, ÉDITEUR

LIBRAIRE DE LA SOCIÉTÉ DES INGÉNIEURS CIVILS

15, QUAI MALAQUAIS, 15

1867

INTRODUCTION

Dans un ouvrage entièrement consacré à l'étude de l'ammoniaque (1) et de ses applications à l'industrie, je m'exprimai ainsi, il y a plus d'une année, sur les chemins de fer départementaux :

« La question des chemins de fer départemen-
« taux présente une importance réelle. En effet,
« si le réseau des voies ferrées qui s'étend sur le
« sol de la France pénètre chaque province, il
« ne touche encore qu'aux localités de quelque
« importance. Tout ou presque tout est à faire
« au point de vue des lignes de moyenne com-

---

(1) *L'Ammoniaque dans l'industrie*, Paris, 1866, Eug. Lacroix. éditeur.

« munication, qu'on est convenu d'appeler lignes
« d'intérêt local.

« Voici une note sur ce sujet, que reprodui-
« saient dernièrement plusieurs journaux :

« On assure que la plupart des conseils généraux doi-
« vent s'occuper activement, pendant leur prochaine
« session, de la création de chemins de fer d'intérêt
« local.

« Dix départements ont déjà pris l'initiative et com-
« mencé les travaux de leur réseau spécial. Vingt-deux
« conseils généraux voteront, nous dit-on, cette année,
« les fonds nécessaires à l'établissement des lignes fer-
« rées reconnues utiles à un grand nombre de localités,
« qui ne possèdent pas de communications directes avec
« les grands réseaux. Il est vraisemblable que cet exem-
« ple sera promptement suivi par le reste des départe-
« ments intéressés, et que l'établissement complet du
« réseau des chemins de fer d'intérêt local sera assuré
« dès 1866. »

« La presse, en attirant l'attention publique
« sur ce sujet, servait de grands intérêts.

« Il ne suffit pas d'unir par des voies rapides
« et économiques les centres importants. Comme
« complément de ces gigantesques travaux, il
« faut encore fournir à l'industrie, à l'agricul-
« ture, forcément éparses sur le sol, des moyens

« de transport en rapport avec ceux dont jouis
« sent les localités, que favorise le passage des
« grandes lignes.

« Il n'y a pas là seulement une question
« d'intérêts privés à équilibrer, mais un progrès
« social à constituer. »

« L'abaissement du prix des transports cor-
« respond toujours à une augmentation de tra-
« fic. Or, à cette circulation plus active corres-
« pond toujours aussi un accroissement du
« bien-être général et de la fortune publique.

« Ces considérations ont tant d'importance,
« qu'à juste titre elles préoccupent les esprits
« sérieux. La note citée plus haut est donc tout
« à la fois l'expression des idées du moment et
« celle de l'opportunité de la réalisation de ces
« projets.

« Là se présente une question capitale.

« Les conditions à remplir sur les voies pro-
« jetées sont-elles les mêmes que sur les grandes
« lignes?

« Non, assurément! Ici la multiplicité du tra-

« fic, des voyageurs, permet d'organiser des
« trains, d'utiliser de puissantes machines, de
« rapprocher les départs, enfin d'entreprendre
« des ouvrages d'art considérables.

« C'est par centaines de millions que peut se
« chiffrer la dépense, et pour la rémunérer il
« faut la certitude d'un trafic suffisant.

« Dans les chemins départementaux, au con-
« traire, la circulation est naturellement de
« beaucoup restreinte ; ce n'est plus par mil-
« lions qu'il faut compter, mais par milliers de
« francs seulement ; l'établissement de la voie
« doit donc être simple et économique.

« La circulation est naturellement réduite ; ce
« ne sont plus des trains composés d'un nombre
« considérable de waggons qu'il faut organiser,
« mais bien des voitures isolées, proportionnées
« comme grandeur aux populations à desservir,
« qu'il faut employer.

« Cette dernière idée pourra paraître impra-
« ticable. Elle est cependant, suivant moi, la
« première condition de réussite des services

« intérieurs. Si on ne donne pas à l'habitant des
« campagnes les facilités de communication que
« trouve le citadin sur les grandes lignes, la
« circulation ne sera pas active, le but sera
« manqué. Précisément parce qu'on va vite, il
« faut pouvoir partir souvent. Le premier fait
« est nécessairement la conséquence de l'autre ;
« et comme les centres traversés sont peu popu-
« leux, que les voyageurs ne suffiraient pas à la
« composition d'un train, il faut bien arriver au
« mode que j'indique, la circulation de voi-
« tures isolées.

« Ce qu'il faut donc, ce sont de véritables
« omnibus partant d'heure en heure, plus tôt
« même s'il est nécessaire.

« A cette condition, les chemins qu'on
veut créer auront réellement atteint leur but.

« Je sais très-bien que la vapeur ne se prête
« pas à cette exigence ; mais avec l'ammoniaque,
« que faut-il ?

« Un homme pour conduire, un pour perce-
« voir la recette, et voilà le train composé !

« Train modeste, villageois si l'on veut; mais
« n'est-ce pas là le résultat à obtenir, — la dis-
« sémination des moyens de transport?

« Si la suppression des locomotives, des trains,
« rend le matériel roulant moins pesant, l'éta-
« blissement de la voie se ressent naturellement
« de cet état de choses.

« Avec cette disposition, il n'est plus besoin
« de rails pesants ni de traverses coûteuses; peu
« d'ouvrages d'art, puisqu'on peut gravir les
« pentes, employer les courbes à court rayon.
« Les routes, en un mot, telles qu'elles existent
« aujourd'hui, peuvent, sans préjudicier le rou-
« lage ordinaire, céder aux voies ferrées une
« partie de leur surface, que la dérivation des
« marchandises vers les grandes lignes a rendue
« en partie inutile.

« Je dis plus : si la question est bien comprise,
« les lignes de fer ainsi conçues et économique-
« ment construites devront être laissées au ser-
« vice de tous. Il sera possible, en se soumet-
« tant à des conditions de police faciles à régler,

« de permettre à chaque ferme, à chaque indus-
« triel, d'aiguiller sur la voie principale une
« voie particulière, menant à son exploitation.
« C'est du moins ainsi et sur des bases aussi
« larges que je comprends la question.

« Or, ce n'est encore ni avec la vapeur, ni avec
« les locomotives, qu'on peut arriver à de pareils
« résultats.

« Seule, l'ammoniaque, avec les avantages
« spéciaux que j'ai décrits, peut y conduire.

« Se reportant à ce que j'en ai dit et expliqué,
« il est facile de comprendre que chaque voiture
« portant son propre moteur, ayant en elle-
« même la puissance utile à sa traction, pou-
« vant partir quand on voudra, s'arrêter à des
« stations très-rapprochées, bourg, hameau, vil-
« lage, — ceci sans que ces stations exigent de
« construction coûteuse, de surveillance active
« — se prêtera aux conditions les plus rigou-
« reuses de ces exploitations.

« Ainsi organisées, non-seulement les lignes
« vicinales rendront aux populations de nos

« campagnes les services qu'on est en droit d'at-
« tendre de leur concours, mais encore elles
« seront les utiles auxiliaires des grandes voies.

« Ce sont elles, en effet, qui iront chercher le
« trafic dans chaque petit centre, qui le con-
« duiront aux stations des réseaux principaux.

« Elles aideront ainsi au succès de ceux-ci,
« tout en épandant, à la grande prospérité de
« tous, les denrées, les produits qu'elles auront
« été recueillir sur la vaste étendue du sol. »

C'est à développer le programme tracé par les lignes qui précèdent que je vais consacrer ce travail. J'espère qu'il me permettra de prouver que l'ammoniaque, tout en se prêtant aux exigences d'un service régulier, permettra d'obtenir, dans la construction des lignes dont nous parlons, une économie considérable; que dès lors, favorisant leur multiplication, elle rendra au pays, à tous les intérêts qu'il comporte, d'immenses et nécessaires services.

Ch. Tellier.

Passy-Paris, 15 décembre 1866.

LES

CHEMINS DE FER DÉPARTEMENTAUX

LES

CHEMINS DE FER DÉPARTEMENTAUX

OU

D'INTÉRÊT LOCAL

À BON MARCHÉ

L'opinion publique est fixée sur l'opportunité des chemins de fer départementaux ; de tous côtés on considère leur création comme une nécessité, mais de tous côtés aussi apparaît un obstacle considérable : le prix élevé de l'établissement de ces voies, eu égard au bénéfice qu'elles doivent procurer aux capitaux engagés.

Pour obvier à cet inconvénient et arriver à la réalisation d'un état de choses à tant d'égards désirable, on a adopté la combinaison suivante : on suppute le revenu probable des lignes à créer, on calcule le capital que ce revenu peut raisonnablement désintéresser; ce capital est laissé à la spéculation particulière, tandis que l'excédant, sous forme de subvention, est fourni par les départements, aidés du Trésor et des communes intéressées.

La loi du 12 juillet 1865 en se plaçant à ce point de vue a spécialement régi la matière. Par les facilités qu'elle accorde, elle favorise notablement l'accomplissement d'un progrès qu'appelle le pays et qu'exigent les besoins de notre époque.

Mais il ne faut pas se le dissimuler, quelque sage et libérale que soit la combinaison que nous venons d'énoncer, elle ne répond pas encore, d'une manière absolue, au but qu'on veut atteindre.

En effet, la dépense mise à la charge des départements et des communes est considérable; aussi, quels que soient les désirs exprimés par les conseils généraux dans les sessions dernières, il n'y a encore que quelques départements qui aient pu entrer résolûment dans cette voie, soit en faisant commencer les travaux, soit en votant les fonds utiles pour les exécuter, soit enfin en prescrivant les études nécessaires.

L'Alsace, qui, l'une des premières parmi nos provinces, avait accueilli en France les voies fer-

rées, ne devait pas rester étrangère à ce mouvement. Elle en a pris l'initiative, et déjà plusieurs
lignes sont en service dans le Bas-Rhin.

Le Haut-Rhin, l'Eure, l'Ille-et-Vilaine, la Saône-
et-Loire, le Jura, ont concédé des lignes variant
de 16 à 18 kilomètres.

L'Hérault avait fait étudier un réseau embras-
sant tout le département. Dans sa session de
1866, son conseil général a voté une subvention
de. . . . . 10,220,418 fr.
entraînant une part contributive
de l'Etat de. . . 3,829,734⎫
des communes in-   ⎬ 5,098,517
téressées de. . . 1,268,783⎭

Ensemble. . . . . . 15,318.935 fr.

destinés à l'exécution de 5 lignes, d'ensemble
177 kilomètres, première partie du réseau par
lui arrêté.

D'autres départements, sans inaugurer d'une
manière aussi complète l'établissement de ce système de viabilité, ont fait commencer des études.
De tous côtés, en un mot, la question est à l'ordre
du jour, mais l'obstacle qui reste permanent et
enraye ce mouvement général, c'est celui déjà

constaté, l'immense dépense à faire, dépense qui vient lourdement grever les budgets départementaux et communaux.

Cet obstacle ne peut-il être levé?

Si, avec le concours de l'ammoniaque. Pour démontrer l'exactitude de cette affirmation, étudions d'abord les chiffres sur lesquels se raisonne la question.

§

La moyenne du prix de revient de l'assiette des chemins de fer varie en raison de la valeur du terrain, de la nature du sol, de sa disposition naturelle; cependant en se basant, soit sur les lignes déjà faites, soit sur les études acceptées, il est permis de dire que cette moyenne peut s'évaluer en France, pour une ligne à une seule voie, à 69,000 francs le kilomètre, sans comprendre le ballast.

Ce prix paraîtra peut-être élevé. Il est des lignes, en effet, comme celles d'Alsace, dans lesquelles cette dépense est descendue jusqu'à 25,000 francs; mais il faut dire que cette limite est tout à fait exceptionnelle, qu'ensuite les chemins alsaciens ont été exécutés dans des plaines ou de longues vallées, lesquelles ont permis des pentes faciles, sans recourir à de coûteux ouvrages d'art.

Nous avons eu sous la main le résumé très-complet et parfaitement élucidé des études faites dans le département de l'Hérault (1) pour l'établissement du réseau intérieur. Ce réseau embrasse 8 lignes différentes, mesurant ensemble 261 kilomètres.

Si on établit la moyenne du coût de toutes ces lignes, on arrive à la dépense déjà citée de 69,000 francs par kilomètre.

Ce chiffre nous paraît présenter une moyenne d'autant plus exacte, qu'il se base sur un ensemble de lignes diversement accidentées.

C'est ainsi que dans ce travail :
169 kilomètres sont considérés comme ordinaires
et ne doivent coûter l'un que 54,090 fr.
tandis que ,
92 kilomètres , qualifiés d'exceptionnels, coûteront. . . . . . 96.307 fr.
toujours par kilomètre.

---

(1) Rapport d'ensemble présenté à M. le préfet de l'Hérault par M. Fenouil, agent voyer en chef de ce département. (Montpellier, Ricard frères, 1866.)

On peut admettre que la totalité des difficultés rencontrées dans ce département, représente la situation moyenne de ce qu'on trouvera dans le reste de la France.

Il importe de compter sur une moyenne aussi largement établie. Si en effet, dans une étude générale comme celle-ci, on ne se basait que sur quelques lignes choisies parmi les plus faciles à exécuter, on n'arriverait qu'à une appréciation erronée, par conséquent à des résultats faux.

Le prix de revient kilométrique — 69,000 fr. — étant adopté, voyons maintenant à combien de kilomètres nous devons l'appliquer, pour couvrir la France du réseau nécessaire.

Puisque nous avons pris pour base de ce prix de revient le département de l'Hérault, admettons encore que le réseau étudié pour desservir les intérêts de ce département serve de point de départ pour l'approximation qu'il nous faut faire dans les autres départements.

L'Hérault, nous venons de le voir, a jugé utile la création de 261 kilomètres de voies ferrées coûtant l'un, pour la substructure, 69,000 francs, soit de ce chef, pour ce département, une dépense de 18,009,000 francs. Appliquant cette proportion aux 89 départements formant l'Empire, nous trouvons que, pour couvrir le sol français de voies d'intérêt local, il faudrait dépenser pour le seul établissement de la plate-forme : 1 milliard 502,801,000 francs.

Pour vérifier l'exactitude de cette appréciation, changeons la base qui nous a servi à l'établir. Considérons maintenant la population comme étant l'élément qui doit déterminer la proportion des voies à créer.

Le département de l'Hérault possède 409,391 habitants pour lesquels il a reconnu nécessaire de créer 261 kilomètres de voies ferrées.

La France renferme 37,382,225 habitants, c'est donc pour sa surface 23,832 kilomètres à établir, soit à 69,000 francs l'un : 1,644,408,000 francs, dépense supérieure encore à celle que nous venions de trouver.

Mais cette dépense, tout énorme qu'elle soit, est-elle suffisante aux intérêts généraux du pays?

Non! Elle laisse derrière elle des lacunes à combler.

En effet, presque tous les centres importants se sont formés sur le passage des routes; ou du moins celles-ci, lors de leur création, sont allées les trouver ; en un mot, elles ont été tracées pour pénétrer, traverser les contrées les plus riches et rallier à la consommation les denrées qui en sont le produit. L'établissement du réseau des routes impériales et départementales est donc véritablement le gigantesque trait d'union qui relie la fortune territoriale.

Or, il résulte de cette situation ceci : c'est que, toutes les routes ayant été créées pour satisfaire à des besoins véritables, existants, le réseau de nos chemins de fer ne sera complet, à son tour, qu'autant qu'il atteindra un développement égal à celui de ces routes.

Celles-ci se résument comme suit :

En 1854, nous avions :

<pre>
    654 routes impériales mesurant 36,038 kilom.
     69 dito stratégiques dito   1,463
  1, 694 dito départementales   45,626
                                     ____
        Ensemble. . . . .   83,127 kilom.
</pre>

Si de ce chiffre nous défalquons le nombre de kilomètres de voies de fer, existants ou concédés

<pre>
                                     21,000
                                     ____
        Nous trouvons. . . .   62,727
</pre>

kilomètres à créer ; soit, en résumé, à 69,000 fr.

l'un, une dépense de : 4,286,763,000 fr.,
qu'il faut arriver à faire pour former simplement
la plate-forme de nos lignes. Cette dépense,
d'après la loi du 12 juillet 1865, incomberait,
pour une part variant du quart à la moitié, à
l'Etat; pour le reste, aux départements et aux
communes intéressées.

C'est ce déboursé considérable, énorme, qu'il
faut éviter.

Nous allons démontrer, dans le paragraphe suivant, qu'il est possible d'atteindre ce résultat.

§

Dans ce qui précède, nous avons posé un principe que nous considérons comme rigoureux :
c'est que les routes actuelles indiquent nettement
la voie des besoins à satisfaire et présentent en
même temps la ligne la plus directe comme le
mode de communication le plus naturel entre les
localités à rapprocher.

Nous avons indiqué, de plus, que les chemins
de fer d'intérêt local s'établissant, il était évident
qu'il faudrait avec le temps arriver à les faire

aussi complets que le réseau de nos routes; mais il est une autre conséquence qu'il importe de faire également remarquer, c'est qu'ils achève-ront d'enlever aux voies ordinaires le trafic qui leur reste, ce qui réduira celles-ci au rôle de chemins de simple communication et rendra par conséquent inutile la plus grande partie de leur largeur. Dans ces conditions, non—seulement le capital qu'il a fallu débourser pour créer ce réseau sera perdu, mais encore son entretien, qui est coûteux, deviendra une dépense sans objet.

Ainsi donc, par la force même des choses, nous arrivons à ce double résultat :

D'un côté dépense de plus de 4 milliards pour créer; de l'autre valeur considérable annihilée, ne constituant plus qu'une charge pour le budget public.

Cette situation est fâcheuse. N'y aurait-il pas lieu d'essayer de la modifier?

Si! La chose est possible, et précisément, c'est en combinant les deux éléments qu'on y peut arriver.

Il est évident, en effet, que si, au lieu d'installer à nouveaux frais la plate-forme des lignes à créer, on pouvait utiliser la partie de nos routes laissée libre par la disparition du trafic, on arriverait à conserver leur valeur qui s'anéantit, et à épargner d'autre part l'énorme dépense qu'il faut faire pour constituer l'assiette des voies nouvelles.

Ce n'est pas tout. Les lignes de fer telles qu'on les construit maintenant ne vont pas comme les routes toucher aux localités desservies. On s'en approche aussi près que possible, mais avant tout il faut donner satisfaction aux exigences du tracé. Ce sont des pentes à trouver, des courbes à établir, des obstacles à éviter, toutes choses qui font dévier la ligne et forcent à passer à 500, 1,000 mètres, parfois à plusieurs kilomètres des communes intéressées. De là des frais accessoires, un but incomplétement atteint.

Cet état de choses est grave, car il amène de nombreuses perturbations dans les fortunes locales. Il entre pour beaucoup dans le refus que font certaines communes de contribuer à l'œuvre nouvelle ; il est cause que bien des populations redoutent, plus qu'elles ne le désirent, l'établissement de lignes qui, en résumé, n'arrivent à elles qu'accessoirement, tandis que des centres rivaux sont favorisés par un accès direct.

En empruntant les anciennes routes, les voies

nouvelles respecteront tous les intérêts. Comme elles, elles pénétreront au cœur de toutes les villes, de la plupart des villages. Si parfois, à cause de la trop grande circulation, il devenait nécessaire de les détourner de la principale traversée de ces centres, on comprend que cette dépense serait peu importante et ne pourrait entrer en comparaison avec les avantages que procurera l'utilisation que nous proposons.

Résumant cette partie de la question, nous voyons que les avantages résultant de la combinaison que nous venons de présenter se traduisent par trois points principaux :

1° Économie complète du capital de 4 milliards 286 millions qu'il faudrait engager pour réaliser l'établissement de la seule plate-forme des voies à créer ;

2° Satisfaction aussi complète que possible, donnée aux intérêts en jeu ;

3° Conservation d'une valeur qui tend à disparaître, celle des routes.

Une objection considérable va nous être présentée.

Les chiffres qui viennent d'être groupés, nous dira-t-on, sont certainement éloquents ; mais il y a une difficulté avec laquelle il faut compter, c'est que les voies de fer ne se prêtent pas à l'utilisation des routes. Les courbes sont trop brusques, les pentes trop rapides, pour qu'un semblable projet puisse être adopté.

Cette objection est grave. Est-elle irréfutable?

Oui, si l'on veut utiliser les moyens actuellement en usage;

Non, si l'on consent à leur substituer le mode d'action que nous allons présenter et à l'étude duquel nous passons immédiatement.

§

Dans les lignes ordinaires, les moyens de traction employés se résument d'une manière à peu près générale, par une locomotive traînant après elle un certain nombre de waggons. Un train se compose donc de deux forces antagonistes : l'une, le corps tracteur, qui tend à entraîner; l'autre, la charge, le poids à remorquer, qui tend à anéantir la première puissance.

Sur les plateaux, la locomotive triomphe aisément de l'effort qui lui est imposé; la résistance qu'offrent à la traction les voies ferrées étant environ six fois moins grande que celle des routes, on comprend la victoire facile du moteur sur la masse entraînée. Mais dans les pentes, c'est autre chose. Plus elles deviennent rapides, plus l'action exercée par le train sur la locomotive devient grande, et si le tracé suivait une pente de plus en plus accusée, il arriverait un moment où la locomotive patinerait, c'est-à-dire resterait en place quoique déployant son maximum de puissance. Sa force serait alors précisément en équilibre avec la résistance, c'est-à-dire avec la tendance qu'aurait le train à redescendre. Il y a donc à l'emploi des locomotives des limites forcées.

Pour étendre ces limites, on a élevé considérablement le poids de ces machines; on est arrivé ainsi à augmenter leur adhérence, par conséquent leur puissance tractrice. Mais cette puissance n'a été obtenue qu'à une condition rigoureuse, absolue, celle de charger excessivement et les essieux et les roues, de faire traîner un poids mort considérable, enfin d'employer des rails plus pesants, triple résultat à tous égards désavantageux. On comprendra jusqu'où l'on est allé en ce sens, lorsqu'on saura qu'on a construit des machines pesant jusqu'à 64,000 kilos et au delà !

En disant ceci, notre intention n'est pas de faire le procès de la locomotive. Considérée en elle-même, cette machine est bien l'une des plus admirables créations de l'homme ; il a le droit d'être fier de se sentir traîné par elle.

Mais quel que soit le mérite des combinaisons qu'elle comporte, elle ne peut agir que par les moyens d'action qui lui sont propres, et ces moyens, ce sont les seuls contacts qu'elle peut prendre sur le rail. Or, ces contacts sont représentés par une paire, deux paires, trois paires de roues motrices ; quelle que soit la charge qu'on veuille leur donner, les résultats acquis sont toujours limités ; mais ce à quoi on n'échappe pas, c'est à faire de la locomotive, ce type de vélocité, une masse monstrueuse, absorbant de sa propre puissance une part considérable.

La locomotive perd donc avec les pentes une partie proportionnelle de ses avantages. C'est parce que cette vérité est immuable que dans les lignes ordinaires on s'attache à ne rencontrer que des pentes de 5 à 10 millimètres, limites qu'on franchit le plus rarement possible, encore ne dépasse-t-on guère 20 à 25 millimètres.

Certaines lignes ayant des moyens spéciaux de traction vont cependant au delà ; mais les moyens employés par elles sont exceptionnels, coûteux ; exigent une installation qu'on ne peut admettre partout, à plus forte raison dans la construction des lignes modestes qui nous occupent. Nous n'avons donc pas à les envisager ici.

Le vice que nous signalons exister dans l'action de la locomotive, la limitation de son adhérence, est-il absolument irrémédiable ?

Non, assurément ! Puisque les points de contact sont les éléments par lesquels la traction se manifeste, il est bien certain que, si au lieu de nous contenter de 2, 4, 6 de ces points, nous pouvions transformer en roues tractrices une paire de roues de chaque waggon, nous augmenterions considérablement la transmission de la puissance.

Mais ce n'est pas tout. Au lieu de ne trouver dans les waggons que des masses tendant à faire descendre le train, nous les transformerions en agents de traction dont la puissance serait précisément en raison directe de la charge à transporter. A tous égards donc les résultats acquis seraient précieux.

Une conséquence naturelle ressortirait encore

de cette inversion, c'est qu'au lieu de faire de pesantes locomotives, nous n'aurions plus qu'à les établir aussi légères que possible. Et en effet, puisque ce ne serait plus le poids mort qu'elles exigeaient qui donnerait l'adhérence, la surcharge qu'on leur imposait deviendrait inutile; il faudrait donc la supprimer.

Ainsi, par cette seule modification dans l'application de la force, tout ce qui constituait la résistance deviendrait la puissance. De plus, nous économiserions la force qu'absorbait l'excédant de charge des locomotives, en même temps que les rails, n'ayant plus à supporter que des poids ordinaires, pourraient rentrer, ainsi que l'établissement général de la voie, dans des conditions aussi économiques que possible.

Voilà le résultat à atteindre. Pour y arriver que faut-il faire?

Une chose qui tout d'abord va paraître compliquée, impossible, et qui cependant est réalisable, nous le démontrerons plus loin. Pour l'instant énonçons-la simplement.

Il faut supprimer les cylindres moteurs de la locomotive et en placer de plus petits sous chaque waggon, de manière à produire sur chacun d'eux la force utile à leur traction. Dans ces conditions, la locomotive n'aura à fournir qu'à sa propre action ; pour le reste, elle ne sera plus, à l'égard du train, qu'un simple réservoir de vapeur. Quant à celle-ci, distribuée à tous les waggons par une conduite convenable, elle animera tout l'ensemble en lui donnant une puissance vive, propre, qui permettra de gravir des pentes que le cheval même, attelé à un véhicule, ne saurait franchir.

Le cheval, en effet, ne possède qu'une force limitée ; la disposition que nous indiquons peut, elle, être aussi puissante qu'on le peut désirer. Quelques centimètres donnés en plus, suivant les lignes, aux cylindres moteurs, et voilà la puissance augmentée en quantité considérable. L'homme a donc là, sous la main, un moyen d'agir permanent, toujours actif, et avec lui peu importeront désormais les pentes puisqu'elles seront surmontées. Dès ce moment les routes deviendront employables, et déjà on peut entrevoir la réalisation de ce que nous avons annoncé : — *la transformation du réseau ordinaire en réseau ferré.* —

Une objection se présente, elle a trait à l'emploi de la vapeur.

On dira avec raison que dans le long parcours d'un train, celle-ci se condensera ; que l'eau qui arrivera dans les cylindres en amènera la rapide détérioration, souvent même la rupture ; que l'hiver, ce ne sera pas seulement la condensation qu'il faudra redouter, mais encore la gelée qui fera crever les tuyaux, brisera les organes, forcera chaque matin à dégeler les conduits, etc., etc.

Toutes ces observations sont exactes ; elles rendent, nous le savons, l'emploi de la vapeur d'eau impossible ; aussi n'est-ce pas avec son concours que nous prétendons obtenir les résultats cherchés, mais avec celui de la vapeur d'ammoniaque. Celle-ci se prête à toutes les exigences du travail et n'a aucun des inconvénients que nous venons d'énoncer.

C'est à étudier cette partie spéciale de la question que nous allons immédiatement nous attacher.

§

Posons d'abord les principes.

L'ammoniaque se maintient gazeuse à la pression et à la température ordinaire. Sous cette pression il lui faut un froid de 35° au-dessous de 0° pour se liquéfier.

Sa solidification n'arrive qu'à —75° ; par conséquent, dans l'emploi que nous avons à en faire, nous n'aurons à craindre ni condensation, ni congélation. De ce côté donc, nous évitons tous les inconvénients que la vapeur d'eau pouvait faire redouter.

Voici maintenant d'autres propriétés que possède ce corps, et sur lesquelles nous aurons à nous baser, pour faire comprendre le mode d'action que nous voulons employer.

L'ammoniaque se dissout en quantité considérable dans l'eau froide ; à la température de 15°, ce liquide en absorbe 727 fois son volume.

La chaleur la chasse de sa dissolution.

Elle n'attaque ni le fer ni la fonte. En présence de ces métaux, elle est indécomposable par la chaleur au-dessous de la température rouge.

On peut, par conséquent, la surchauffer impunément et profiter des avantages que donne cette opération, sans avoir à redouter, comme avec la vapeur d'eau, des températures excessives.

Ce résultat peut être atteint d'autant plus facilement, qu'à la température ordinaire les pressions

— 35 —

de sa vapeur sont industrielles. Voici un tableau
de leur puissance à divers degrés de l'échelle
thermométrique :

Degrés	Atmosphères
0	4, 4
+ 5	5, 1
10	6, 4
15	7, 2
20	8, 5
25	10, »
30	11, 6
35	13, 4
40	15. 6

Enfin elle est spécifiquement plus légère que
la vapeur d'eau, tout en ayant cependant un calorique latent un peu plus faible que celui de
cette dernière.

Sous tous rapports donc ce nouveau se présente,
au point de vue de la pratique industrielle, dans
d'excellentes conditions. Nous allons voir maintenant le parti que nous pouvons tirer de son application.

Avant toutes choses nous devons insister sur
un résultat qu'amène l'emploi de quelques-unes
des propriétés que nous venons d'énoncer. C'est

qu'il est possible de recueillir, en les dissolvant dans l'eau, les vapeurs utilisées ; de rendre sensible, par conséquent, le calorique latent qu'elles emportaient ; de restituer ensuite ce calorique à de nouvelles vapeurs qui peuvent se former et être employées ; triple phénomène produit simultanément par un seul fait : la dissolution du gaz ammoniac dans l'eau.

De l'ensemble de ces combinaisons peut alors résulter ceci :

C'est que, si l'on emmagasine dans un endroit quelconque une certaine quantité de gaz ammoniac liquéfié, et qu'en même temps on ait une quantité d'eau environ trois fois plus grande, on pourra vaporiser tout ce gaz et l'utiliser comme force motrice à une pression d'environ 8 à 10 atmosphères. L'action de cet effet restera constante, puisque, ainsi que je viens de l'expliquer, le calorique latent utile à la gazéification sera fourni constamment par le calorique de condensation dégagé dans la solution aqueuse.

Par conséquent, si dans une vaste usine, disposant de puissants moyens d'action (naturels ou artificiels), on recueille et on liquéfie l'ammoniaque, ce corps, transporté liquide, là où il devra être employé, fournira sans préparation, instantanément, une vapeur motrice employable économiquement.

La solution formée par l'ammoniaque recueillie étant ultérieurement rapportée à l'usine sera régénérée ; pour l'ammoniaque ainsi retrouvée, de nouveau liquéfiée, être reportée au lieu d'utilisation et ainsi servir indéfiniment.

Partant de ce fait, l'application que nous avons à étudier se résume par ceci :

Produire dans un établissement spécial, fixe, de l'ammoniaque liquéfiée en l'extrayant de sa solution ;

L'emmagasiner dans un réservoir mobile plongé dans un autre réservoir contenant de l'eau ;

Utiliser la vapeur que l'ammoniaque liquéfiée tend à former instantanément ;

Enfin, ramener cette vapeur dans l'eau qui entoure le réservoir d'ammoniaque liquéfiée.

La vapeur d'ammoniaque au contact de l'eau se dissoudra immédiatement ; en se condensant, elle rendra sensible le calorique qu'elle tenait latent, lequel, traversant les parois du réservoir d'ammoniaque liquéfiée, permettra la production de nouvelles vapeurs.

Pour bien faire comprendre le mécanisme de cette opération, qui, on le voit déjà, a pour condition essentielle l'aménagement convenable des surfaces qui doivent favoriser l'échange entre le calorique vaporisateur et le calorique condensateur, nous allons décrire la planche qui accompagne cette étude.

Cette planche présente l'application la plus simple qui puisse être faite de l'ammoniaque et de ses propriétés à la production de la force. L'appareil qu'elle reproduit est un moteur fixe; quand son mécanisme sera bien compris, sa transformation en moteur tracteur ne sera plus qu'une affaire d'appropriation, ce que tout le monde concevra aisément.

B est un réservoir interne, rempli d'ammoniaque liquéfiée. Ce gaz est introduit sous cet état dans ce réservoir, à l'aide du robinet *d*. Sa liquéfaction a été préalablement opérée dans une usine spéciale, dont il sera parlé plus loin. Admettons pour l'instant qu'on emploiera dans ce but tels moyens que la science et la pratique pourront suggérer.

A la température de 25°, ce gaz est maintenu liquide par sa propre pression, qui est de 10 atmosphères ; ses vapeurs ont naturellement la même tension. En raison de leur densité spécifique, plus légère que celle du gaz liquéfié, elles occuperont la partie supérieure de B.

Si, en cet état, on ouvre le robinet *b*, il est clair que ces vapeurs s'échapperont et iront agir dans le cylindre moteur A, lequel peut être toute espèce de système connu ; effet qui se continuera, si par un artifice quelconque, on remplace, au fur et à mesure de son enlèvement, le calorique latent qu'emportaient les vapeurs.

Si l'on opérait avec de la vapeur d'eau, l'échappement aurait lieu directement dans l'atmosphère.

Mais deux circonstances forcent à recueillir les vapeurs ammoniacales : d'une part, elles ont une valeur qui ne permet pas de les abandonner ; d'autre part, il faut leur reprendre le calorique latent qu'elles entraînent.

Ces deux actions vont être la conséquence de la disposition suivante :

Le tube d'échappement, au lieu d'être libre, se recourbe en E et descend dans l'intérieur de la cuve D, au fond de laquelle il débouche librement.

Cette cuve est pleine aux deux tiers d'eau à la température ordinaire.

Or, en vertu de l'énorme affinité existant entre l'ammoniaque et l'eau, il y aura immédiatement combinaison, dès que les vapeurs du premier corps seront en contact avec le second.

Mais cette combinaison ne peut se faire qu'à une condition absolument nécessaire, c'est que le calorique latent des vapeurs sera dégagé, ainsi que le calorique de combinaison.

Si donc nous ne nous occupions que de cette seule action, il en résulterait un fait inévitable : c'est qu'à chaque coup de piston, par conséquent à chaque arrivée de vapeur, la température de la cuve D augmenterait successivement.

Mais il y a une autre condition qu'il ne faut pas oublier, c'est qu'en même temps qu'arrivent dans D des vapeurs qui se dissolvent et produisent de la chaleur, il se forme dans B d'autres vapeurs qui emportent du calorique.

S'il y avait autant de vapeurs formées qu'il y en a de condensées, il est évident que la quantité de chaleur en mouvement serait la même, et que, pour rétablir l'équilibre, il suffirait de ramener dans **B** le calorique qui se dégage dans **D**.

Or, c'est précisément ce qui se produit. En effet, nous agissons dans une même et unique capacité, le cylindre **A**, la quantité de vapeur qui y arrive est donc égale à celle qui va se condenser.

Par conséquent, tout le problème se réduit à un moyen convenable de faciliter l'échange du calorique, c'est-à-dire à faire passer dans **B** le calorique qui arrive en **D**.

Pour cela, les parois de **B** ne suffiraient pas, car, outre que les surfaces qu'elles développent ne sont pas assez grandes, il est clair qu'à mesure que le réservoir **B** se viderait, l'effet des surfaces et, par conséquent, la puissance de la machine diminueraient.

Il est facile de suppléer à cette insuffisance par le serpentin **H**, lequel communique en haut et en bas librement avec le récipient **B**.

Une pompe **G** très-simple, sans presse-étoupe, puisqu'elle n'a pour opposition à son jeu que la colonne liquide qui est dans le serpentin, est mue par un simple prolongement de la tige du piston.

A chaque coup de ce piston, elle envoie une

certaine quantité d'ammoniaque liquéfiée dans le serpentin H, qui, lui, est plongé dans l'eau recevant les vapeurs à condenser. De la vapeur d'ammoniaque se forme; le mélange de cette vapeur et d'ammoniaque non vaporisée revient déboucher dans B; les parties restées liquides tombent au fond de B pour recommencer le circuit que je viens de décrire, tandis que les vapeurs produites vont au cylindre donner le mouvement, pour, à leur tour, revenir à la cuve D rendre leur calorique latent : simple combinaison, qui permet de donner aux surfaces l'étendue désirable, tout en rendant leur effet constant.

Il arrivera un instant où l'ammoniaque de B sera entièrement utilisée; ce réservoir, par conséquent, sera vide, tandis que la cuve D, au contraire, sera pleine de solution ammoniacale.

Un robinet K permet de soutirer cette solution pour la reporter à l'usine à régénérer; quant à l'appareil, rempli à nouveau de gaz liquéfié en B, d'eau en D, il est prêt, ressort infatigable, à recommencer son action.

Une objection a été faite à l'emploi de l'ammoniaque dans ces conditions.

On a prétendu que le calorique latent, absorbé

par la vaporisation de ce corps, ne se retrouve-
rait pas complétement lors de la dissolution de la
vapeur dans l'eau.

Quelque peu fondée que nous ait paru cette
assertion, nous avons voulu cependant en vérifier la portée.

Nous avons pris une solution ammoniacale que
nous avons placée dans une cornue soumise à
l'action d'un feu modéré; le gaz qui sortait de la
cornue passait à travers un serpentin constamment refroidi, en sorte qu'il arrivait froid, dé-
pouillé de l'eau projetée, dans un flacon contenant de la potasse caustique, où il achevait de se
deshydrater. Le gaz, ainsi desséché et refroidi,
ne contenant plus de vapeur d'eau qui aurait pu
modifier les résultats, était reçu dans un flacon
aussi bien isolé que possible, lequel contenait
une certaine quantité d'eau.

Dans cette expérience plusieurs fois répétée,
nous avons retrouvé la quantité de calorique
émise par l'ammoniaque, sous la seule différence
de $\frac{21}{50}$. La perte ainsi constatée n'était pas inhé-
rente au phénomène de dissolution, mais elle avait
pour cause une circonstance spéciale que voici :
la différence existant entre le calorique latent de

la vapeur qui se forme à 0°, température de détermination du coefficient 514, et celle de 50°, moyenne pendant l'opération, de la température d'émission des vapeurs expérimentées.

D'après cette observation, loin de craindre une déperdition de calorique, nous aurons, les vaporisations et les condensations se faisant à la même température, un excédant de chaleur produit par la dissolution. Cela doit être en effet, puisqu'au calorique de condensation fourni par cette dissolution, nous aurons à ajouter le calorique de combinaison dégagé par l'affinité de l'ammoniaque pour l'eau, calorique qui n'a pas encore été déterminé, mais a assez d'importance pour qu'il en soit tenu compte.

Mais, dira-t-on, dans la pratique ne rencontrera-t-on pas des chances de pertes calorifiques imprévues, et par suite n'arrivera-t-on pas peu à peu à l'inanité du moteur?

Non, et, pour le prouver, voyons les circonstances qui pourraient amener ces pertes.

Ces circonstances peuvent avoir deux seules causes :

L'élévation de la température intérieure, ce qui amènerait un transport de calorique de dedans en dehors et par conséquent une perte;

L'abaissement de la température extérieure, ce qui conduirait au même résultat.

Voyons le premier cas.

Dans l'expérience plus haut rapportée, l'eau qui recevait l'ammoniaque s'est échauffée, elle s'est élevée de 19° à 54° : il pouvait évidemment là, y avoir transport de calorique à travers les parois et perte ; mais dans la pratique, rappelons-nous le bien, *il n'y a pas échauffement de l'eau*. Ce sont les *mêmes quantités de calorique* qui circulent du réservoir à solution au réservoir à ammoniaque et réciproquement ; la température de la masse ne changeant pas, il n'y a pas en cet état de déperdition à redouter.

Le second cas se rapporte aux fluctuations atmosphériques.

Nous avons parlé de 10 atmosphères et de 25°, température correspondante ; on peut se demander encore comment atteindre et maintenir cette température, quand celle de l'atmosphère sera moindre.

Nous tenons à préciser.

Nous n'avons pas du tout entendu dire qu'il fallait marcher d'une manière fixe dans ces conditions, nous avons voulu seulement montrer qu'à une température moyenne de l'été. l'emploi de l'ammoniaque ne devait pas faire redouter des pressions exagérées. Nous avons surtout voulu prouver que ce corps différait ainsi essentiellement des autres gaz liquéfiés, tels que l'acide carbonique. le protoxyde d'azote. etc., qui, à 25°. atteignent des pressions considérables, et dans les conditions actuelles sont dangereusement maniables. Il faut. au contraire, marcher à la température de l'atmosphère. Si l'on se reporte page 35 au tableau des pressions de l'ammoniaque, il est facile de voir que, même à 0", ce corps a encore une pression de 4 atmosphères. Cette pression est suffisante pour donner de bons résultats, si on a soin de disposer l'appareil pour marcher sous n'importe quelle tension qui puisse se produire dans le cours d'une année, ce qui est facile. De ce côté donc, pas de pertes de calorique encore possibles.

Au-dessous de 0", il est évident qu'il faudra prendre quelques précautions particulières pour l'isolement de l'appareil. Ces précautions n'ont pas une telle importance qu'il faille pour l'instant y attacher un intérêt spécial. Dès à présent, si

nous nous rappelons que le suréchauffement des
vapeurs produites est excessivement facile; que
de toutes les vapeurs ou gaz, celle d'ammoniaque
est la seule qui présente à cet égard des avantages réalisables (elle se produit sous pression
à 15°, on peut donc la suréchauffer jusqu'à 180°
et 200°); on comprendra vite qu'en tirant parti
de ce moyen comme de tous autres qui précèdent,
il est facile d'arriver à obvier, aussi bien à cet inconvénient qu'à l'absorption calorique qui amé-
nera le travail mécanique développé par la chaleur.

Traiter plus complètement ces questions dans
une étude aussi sommaire que celle-ci n'est pas
possible. Constatons simplement, qu'à l'aide des
propriétés que possède l'ammoniaque, il est facile
d'arriver à produire une puissance vive, constante,
toujours prête à fournir un service régulier.

Il nous resterait bien aussi à dire quelques mots
de la régénération de ce corps, des appareils employés à cet usage, mais encore là nous serions
entraînés trop loin. Ceux de nos lecteurs qui
voudraient approfondir ce sujet, trouveront dans
l'ouvrage déjà cité: *l'Ammoniaque dans l'industrie*,
les détails utiles. Bornons-nous à dire ici que cette

opération est simple, et qu'en résumé, l'ammoniaque liquéfiée ainsi obtenue ne coûtera que peu de
chose en plus du prix de la vapeur d'eau produite
dans les conditions ordinaires. Sous ce rapport
donc, si l'ammoniaque ne se présente pas dans des
conditions tout à fait aussi bonnes que ce dernier
corps, la différence est peu sensible. Cette différence n'affectera en rien, du reste, le prix définitif
des transports et est rachetée d'ailleurs, par tous
les avantages que comporte l'emploi de l'ammoniaque.

Ces faits généraux étant posés, revenons au mécanisme qui doit les utiliser.

D'après ce que nous avons vu, tout le système
repose sur deux opérations distinctes :

La préparation de l'ammoniaque liquéfiée;
Son utilisation à la traction.

La première opération a pour objet la sépara-
tion de l'ammoniaque de l'eau qui la dissolvait
et sa liquéfaction, double travail qui s'opère, nous
le savons, dans des établissements fixes. Ces établissements sont placés aux stations principales;
leur mutuel éloignement variera avec les localités,
avec les difficultés à vaincre. Il est clair, en effet,
que dans les pays montagneux, où les efforts

seront plus grands, ces établissements seront plus rapprochés que dans la plaine.

La seconde opération a trait à l'agencement des trains. Dans ceux-ci la locomotive est supprimée.

Elle sera remplacée par un vaste réservoir roulant. Nous reportant à ce que nous savons de l'ammoniaque, nous concevons facilement que ce réservoir en contient un autre, plus petit, très-résistant, lequel renfermera l'ammoniaque liquéfiée, tandis qu'autour de ce réservoir et remplissant presque le plus grand, on aura mis de l'eau ou le résidu d'une solution ammoniacale désaturée, liquide qui doit servir à recueillir les vapeurs qui auront actionné le train.

Comme on le voit, ce réservoir étant baigné par l'eau, toutes fuites qui se déclareraient dans cette partie de l'appareil n'auraient aucun inconvénient, puisque immédiatement l'ammoniaque échappée serait dissoute et recueillie par l'eau. La condition toujours essentielle à observer et sur laquelle nous ne pouvons trop insister, c'est de combiner un moyen facile de favoriser l'échange entre le calorique rendu sensible par la dissolution et celui absorbé par la vaporisation. Nous avons indiqué en décrivant le moteur (page 41) une disposition qui, variant suivant les applications, permettra d'obtenir le résultat cherché.

Tout cela étant admis, il est facile de concevoir que dans ces conditions nous pouvons avoir dans nos réservoirs une provision considérable de puissance, et que cette puissance, nous la pouvons dépenser comme nous l'entendrons, au moment choisi, sur des moteurs plus ou moins multipliés; qu'en un mot, ce n'est plus maintenant qu'une question de conduite.

Deux manières différentes se présentent d'agencer le matériel, suivant qu'il s'agira de transporter des voyageurs ou de la marchandise.

En effet, ce ne sont pas les mêmes exigences qui ressortent de chacun de ces transports.

Dans le premier cas, il faut non-seulement de la vitesse, mais encore de la fréquence. Ainsi que nous l'avons expliqué dans l'exposé précédant ce travail, si les trains sont séparés par de trop longs intervalles, les populations ne se presseront pas, la circulation restera stationnaire. Il faut non-seulement aller vite, mais encore, et surtout quand il s'agit de petits trajets, il faut pouvoir revenir promptement. Que servirait d'aller vite, si au but du voyage il fallait perdre son temps à attendre le retour?

Les chemins de fer font en effet apprécier le prix du temps. Autant on profite des voies de communication quand le voyage par sa facilité se transforme en course, autant on regarde à se déranger quand le déplacement se change en absence. Des facilités données aux voyageurs résulteront donc nécessairement la multiplicité des voyages.

Ces vérités sont importantes, surtout avec les lignes qui nous occupent; aussi, nous ne cesserons de le répéter, ce ne sont pas des trains qu'il faut là, mais de véritables omnibus, s'arrêtant non pas seulement tous les 10, 12, 15 kilomètres, mais tous les kilomètres s'il le faut, en un mot à tous les branchements de chemin venant croiser la route, s'ils amènent des voyageurs.

C'est à la condition de donner d'aussi larges facilités à la circulation, que les chemins de fer d'intérêt local rempliront leur but. Aussi, quand nous voyons proposer pour les lignes établies dans les conditions ordinaires une moyenne de trois trains par jour (aller et retour), nous n'hésitons pas à dire que cela est insuffisant;

e c'est d'heure en heure, que des stations extrêmes, doivent être donnés les départs.

Avec la locomotive ce résultat est impossible. Il lui faut nécessairement traîner derrière elle tout un train composé d'un grand nombre de waggons. Il faut, par conséquent, laisser amasser les voyageurs pour, sinon emplir ce train, au moins rendre son emploi profitable. Mais à nous il ne nous faut qu'une voiture contenant 50 ou 60 places, une caisse à bagages, et voilà le train organisé !

Que nous importera, en effet, que les voitures soient isolées, puisque chacune d'elles n'emportera que la force qui lui est propre ? Ce sera toujours la même puissance employée, toujours le même nombre de véhicules qui circuleront en vingt-quatre heures ; mais dans le premier cas, ces véhicules seront massés en trois groupes, tandis que dans le second, roulant par unité, ils mettront constamment au service des voyageurs un moyen de circuler.

Qu'on ne craigne pas que ce nouvel état de choses vienne compliquer le service !

Loin de là, il le simplifiera. En effet, chaque voiture portant et son réservoir de force et son

moteur, il suffira de deux hommes pour la conduire : un pour diriger la marche, un pour
percevoir le prix des places.

Nous insistons sur ce point, parce que jusqu'ici il n'a pas été suffisamment mis en lumière.
Les chemins de fer tels qu'ils existent aujourd'hui
donnent l'idée de grands enjambements faits à
travers le pays, mais ils ne se ploient qu'aux exigences des grands centres, les localités moindres
sont sacrifiées par eux.

Les lignes départementales doivent combler
cette lacune. Il faut qu'elles correspondent aux
besoins de l'industrie disséminée ; à ceux de l'a-
griculture, du petit commerce ; en un mot, à toute
une catégorie de gens qui ne se dérangeront de
leurs habitudes, n'aideront à l'établissement du
nouvel état de choses, qu'à la condition de trouver un mode de voyager économique et commode.
Cette satisfaction est rigoureusement liée au succès des voies à créer.

Les transports de marchandises, eux, se feront
autrement. Le moindre délai qu'on puisse prendre
pour les exécuter est un jour, et en un jour les dis-
tances à parcourir étant généralement courtes, il
y a plus que le temps utile. On peut donc réunir,

grouper la marchandise et la faire partir par trains de plusieurs waggons.

Pour ceux-ci encore, nous avons le réservoir ordinaire d'eau et d'ammoniaque, mais la puissance agira autrement. Au lieu d'opérer sur un seul véhicule, elle se divisera, comme nous l'avons dit, grâce à une double conduite qui mènera les vapeurs d'ammoniaque à chaque waggon et les ramènera après utilisation à l'eau du réservoir.

Ici se présente une objection. L'action motrice est incontestable, mais on pourra craindre les fuites, et qui dit fuite, dit perte notable, lorsqu'il s'agit d'un corps ayant une certaine valeur.

Cette objection mérite que nous lui répondions.

Voyons d'abord les causes sérieuses qui peuvent amener ces fuites. Elles sont au nombre de deux :

Les stuffing-box des cylindres moteurs;

Les jonctions à faire dans la tuyauterie, en reliant les waggons.

Dans le premier cas, on peut facilement éviter toute chance de perte, en logeant le moteur dans une enveloppe en tôle communiquant avec l'échappement. Les vapeurs perdues seraient

nécessairement reconduites, comme celles produites par l'échappement, dans le réservoir
d'eau dissolvante. Par suite, pas de fuite possible
de ce côté.

Dans le second cas, la perte n'est pas plus à
redouter. D'une part, il est facile de construire
des robinets étanches, qui, même lors de la sépa-
ration des waggons, ne permettraient aucune
fuite. D'une autre part, rien ne force à séparer
les waggons à chaque voyage. Les trains, en effet,
peuvent être multipliés, mais leur composition
rester la même. Ceci serait d'autant plus facile,
que les gares terminus devraient être disposées
circulairement comme la gare du chemin de fer
de Sceaux, et que les trains, sans aiguillage ni
manœuvre, viendraient d'eux-mêmes, sous les
grues de débarquement, déposer les fardiers ou
colis qu'ils auraient apportés. Au point de vue du
trafic, cet ensemble de disposition n'offre aucun
inconvénient. En effet, les lignes d'intérêt local
n'empruntant ni le parcours, ni le matériel des
grandes lignes (celles-ci s'y opposent), les waggons n'auraient pas à quitter le circuit qui leur
serait tracé.

Cette installation spéciale à chaque ligne comporte encore un grand avantage : c'est qu'il est possible de proportionner le matériel aux obstacles à vaincre.

Les routes sont plus ou moins montueuses, suivant les zones traversées. Or, dans les pays montagneux on tiendra les cylindres moteurs plus grands, on agira dès lors comme si on ajoutait des chevaux de renfort. Il est vrai que la consommation d'ammoniaque sera plus grande aussi, elle devra nécessairement être proportionnelle à l'effort à produire; mais encore là nous trouvons le remède précisément où commence l'obstacle, et pour l'employer sans embarras, il suffit de rapprocher les stations d'approvisionnement. L'ammoniaque permettra donc de toujours proportionner la puissance à la résistance, et sous ce seul point de vue elle apporte à la question d'énormes facilités.

Les courbes, qui sont fréquentes dans les routes et souvent à très-courts rayons, seraient un obstacle sérieux à la marche d'un train tiré par une locomotive. On comprend, en effet, que l'effort de traction exercé par celle-ci n'étant plus normal, elle tendrait, le sommet de la courbe étant depassé, à faire dérailler les waggons qui occuperaient encore ce sommet. Avec les voitures mues par leur propre puissance, ce danger disparaît, et si les waggons sont articulés, peu importe que les trains soient formés d'une ou de plusieurs voitures, les courbes, quelle que soit la petitesse de leur rayon, n'offriront plus d'obstacles à la circulation.

Nous aurions encore à entrer dans bien des détails, décrire entre autres le mode à employer pour mettre les freins sous la seule main du conducteur ; forcément il faut nous arrêter, de semblables descriptions nous mèneraient trop loin. Toutefois nous ne terminerons pas ce paragraphe sans dire quelques mots d'un fait déjà signalé : la complication que semble apporter dans ce système, l'établissement sous chaque voiture d'un moteur particulier.

Cette considération mérite examen, mais a-t-elle autant d'importance que semblent le croire quelques personnes ?

Non !

Il faut partir d'un principe : c'est que de tout ce que fait l'homme, rien n'est parfait ; il faut donc en toutes choses faire la part du bon et du mauvais. Repousser, si le mauvais est en excès ; accepter, marcher en avant, si au contraire c'est l'élément sain qui domine.

Appliquons ce principe au sujet qui nous occupe, et pour juger justement, voyons d'abord si la complication qu'on nous reproche a un caractère de gravité aussi grand qu'on veut bien le supposer.

A quoi se résume, en définitive, la question?

A employer de petits moteurs, tous égaux; permettant, par conséquent, une fabrication en nombre et des résultats économiques qu'on ne peut atteindre avec des pièces volumineuses et moins multipliées.

Qui ne sait que du moment où une fabrication rentre dans ces conditions, elle arrive à un bon marché extraordinaire?

Du côté du prix de revient, on peut donc dire que la multiplicité des organes n'amènera pas une augmentation aussi grande qu'on la pourrait redouter.

Parlera-t-on maintenant du service?

Les appareils peuvent être disposés pour le simplifier. Tout le mécanisme étant enfermé dans une boîte, le graissage des organes peut être automatique; bref, ce sont des agencements spéciaux à pren-

dre, nous en convenons, mais en toutes choses il
faut se rappeler l'ancien adage : *qui veut la fin
veut les moyens.*

Certes, on aurait autrement pu parler de complication quand on a songé à remplacer l'admi-
rable machine qu'on nomme le cheval par la locomotive, et cependant la locomotive, non-seulement a supplanté le cheval, mais elle a centuplé
les services qu'il rendait !

Et si maintenant à côté de la locomotive, on
songe à tout ce qu'il a fallu créer dans l'industrie
des chemins de fer pour la faire ce qu'elle est,
on comprendra que là aussi il y aurait eu à
parler de complication ! Cependant le progrès ne
s'est pas arrêté.

C'est qu'il faut le dire, quand les résultats ont
une portée aussi considérable que ceux dont il
est question ici, il ne suffit pas, en semblable
matière, de lancer une objection, il faut voir le
but, et peser si les moyens mis en avant peuvent
l'atteindre.

En ce qui concerne le système que nous présentons, il suffit, pour faire la part de sa complication, de se rappeler :

Que c'est une économie de plus de 4 milliards

qu'il s'agit d'obtenir sur ce que pourraient donner les moyens ordinaires, c'est-à-dire une économie équivalente à près de trois années du revenu total de la France !

Qu'en raison de cette économie, c'est la réalisation possible, immédiate, d'un progrès reconnu nécessaire; tandis qu'avec la vapeur et les engins qu'elle comporte, c'est un ajournement in-défini ;

Qu'enfin, c'est une satisfaction complète donnée aux intérêts à desservir, ce que ne peut encore faire la vapeur avec ses trains espacés, ses stations éloignés, etc., etc.

En présence de ces avantages, est-il permis d'insister encore sur cette question de complica-tion? Ne serait-ce pas douter de l'intelligence de l'homme que de croire qu'il ne saura pas la ré-duire, la limiter au nécessaire?

Pour nous, nous n'hésitons pas à l'affirmer, et pleins de confiance dans l'avenir, dans la puis-sance d'initiative que possède l'industrie, nous ne voulons plus faire qu'une chose : présenter à côté des avantages généraux que nous venons d'énoncer, ceux plus spéciaux que procurera l'emploi de l'ammoniaque.

Le parallèle suivant les fera suffisamment ressortir. Avec la vapeur d'eau, il faut :

Constamment surveiller sa production, sa puissance ;

Empêcher la projection des matières embrasées sur les routes ;

Avoir deux hommes pour la conduite seule de la locomotive ;

Lancer sur le passage du train des torrents de vapeur, de fumée ;

Effrayer les chevaux et les bestiaux.

Avec la vapeur ammoniaque il ne faut :

Qu'un homme pour conduire ;

Ne donner aucune surveillance à sa production.

On peut prendre des approvisionnements suffisants pour parcourir 50 kilomètres sans arrêter.

Il n'y a pas de feu, pas de fumée, pas de vapeur, pas de bruit.

Enfin, la puissance est toujours vive, instantanée, mais toujours cependant subordonnée, et, *sans précaution aucune*, à la volonté du conducteur.

Ce dernier avantage est surtout précieux lorsqu'il s'agit d'emploi exigeant des arrêts fréquents, inégaux, imprévus même; l'ammoniaque, à tous les titres, est donc le fluide qui, sur les routes, doit donner les meilleurs résultats (1).

Il nous reste maintenant à étudier la dépense d'installation qu'exigerait l'application des moyens que nous venons de décrire, les combinaisons financières qui permettraient d'en amener la réalisation; c'est à l'examen de ces deux questions que vont être consacrés les derniers paragraphes de ce travail.

---

(1) Dans le but d'obtenir les avantages que nous venons d'énoncer, on s'est beaucoup préoccupé de la possibilité qu'il y aurait à faire servir l'air à l'emmagasinement de la force motrice. De très-sérieux travaux ont été entrepris dans ce sens.

Ces recherches prouvent le grand intérêt qui se rattache à la question; toutefois le but de ce côté n'a pas encore été atteint; jusqu'ici, l'air comprimé n'a eu que de rares occasions d'être appliqué. Spécialement en ce qui concerne la traction, des tentatives qui méritaient l'attention ont été faites à Rouen et à Paris par MM. Andraud et Julienne.

Un fait seul démontrera l'immense supériorité qu'a l'ammoniaque sur l'air comprimé.

Tandis qu'un mètre cube d'air emmagasiné sous la pression de 10 atmosphères nécessitera un récipient d'une contenance de 100 litres, l'ammoniaque, elle, pour contenir le même volume de vapeurs, la même puissance, n'exigera *qu'une capacité de 1 litre.*

Cette différence est concluante; aussi, pour qui voudra par la pensée comparer l'emplacement exigé, la force à donner aux parois dans l'un et l'autre cas, enfin le poids des récipients, nul doute ne pourra subsister; à tous égards l'ammoniaque se présentera seule comme pouvant vraiment donner les résultats cherchés, et permettre, en un mot, suivant l'expression vulgaire, la mise en bouteille de la force.

§

D'après les évaluations obtenues dans les études
que nous avons adoptées pour type (le réseau de
l'Hérault), le coût de la superstructure, sur une
moyenne de six lignes, se résume par kilomètre
comme suit :

Achat de terrain pour gares et sta-
    tions. 1,472
Ballast 8,030
Construction de gare, surveillance. . 5,180
Rails, voie. 29,618
Matériel roulant. 20,723
Télégraphe. 500
Clôtures et barrières. 1,000
Frais pour rédaction de plans. . . . 1,000
Intérêts pendant l'exécution, faux
    frais, dépenses imprévues. 7,895

                  Ensemble, 75,118

Soit en chiffres ronds, par kilomètre 75,000 fr.

Ce prix doit-il être considéré comme une
moyenne rigoureuse?

Non, car plusieurs ingénieurs n'hésitent pas à

porter ces dépenses à 80,000; 100,000 francs et au delà; tandis que d'autres côtés, en **Alsace** par exemple, la superstructure de trois lignes n'a coûté que 63,700; 69,600 et 72,000 francs.

De ces derniers prix doivent se rapprocher les chiffres que nous aurons à étudier ; et, en effet, en Alsace on n'a pas compris le ballast dans la superstructure, il est compté là dans l'établissement de la plate-forme. Or, profitant, nous, des routes dont l'écoulement d'eau est déjà ménagé, nous n'aurions pas à songer au ballast. Cette dépense devenant inutile, c'est 8,000 francs par kilomètre qu'il conviendrait de retrancher de la moyenne figurée plus haut, ce qui nous ramènerait à l'estimation de 67,000 francs.

La construction des gares permettrait ensuite diverses économies. Les lignes traversant dorénavant les villes, les villages, on comprend que les gares de voyageurs n'existeraient plus de fait; qu'elles seraient remplacées par de simples stationnements de voitures devant les bureaux, ce qui, en résumé, serait plus avantageux pour tous, puisque les stations, au lieu d'être au loin, à l'extrémité des villes, seraient au centre, c'est-à-dire à la portée de chacun.

Partant de là, les gares réelles seront réservées aux seules marchandises. Pour cela, de simples hangars suffiront; ils seront naturellement construits dans les conditions les plus économiques possibles, excluant toute idée de luxe et de décoration. De ce côté encore, l'économie réalisable sera donc notable.

Les locomotives. nous le savons, sont supprimées. Par leur poids, parfois exagéré, elles forçaient, nous l'avons vu, à adopter des rails pesants, à renforcer la ligne dans tous ses détails. Avec l'ammoniaque, le maximum de charge par essieu ne dépassera pas 5.000 kilos; nous pouvons dès lors nous contenter de rails pesant 20 kilos au mètre courant. Par conséquent, économie sur ce point, comme sur tous les accessoires qu'il comporte.

Les traverses sont non-seulement l'objet d'une dépense première considérable, mais encore la cause d'un entretien coûteux.

Nous proposons de les remplacer par des blocages en béton. Ces blocages trouveront dans le sol des routes une assiette suffisamment solide; combinés à des semelles en bois pour adoucir le roulement, ils présenteront des garanties de durée sérieuses, tout en coûtant moins cher de frais de premier établissement.

Bref, à divers titres, des économies notables peuvent être réalisées, précisément parce qu'employant les routes, on trouvera là des éléments qu'il sera possible d'utiliser. Le matériel d'exploitation seul (roulant et fixe) coûtera peut-être un peu plus cher que le matériel actuel. Faisant la part et de cette plus-value et de l'imprévu, nous estimons que le tout, compensé avec les économies que nous venons de faire pressentir, permet d'estimer à 70,000 francs le prix de revient de la superstructure, et ce en laissant une large part aux éventualités.

Si maintenant nous nous reportons aux chiffres que nous avons énoncés dans la première partie de ce travail, nous voyons que, dans les conditions ordinaires, le réseau des lignes d'intérêt local étant admis égaler le réseau des routes départementales, aurait coûté .

Pour l'établissement de la
plate-forme. 4,286,763,000

Pour la superstructure. . . 4,390,890,000

Ensemble. 8,677,653,000

Tandis que maintenant, acceptant l'ammoniaque et les avantages qu'elle entraîne, le même réseau ne doit plus coûter à raison de 70,000 francs par kilomètre, que. 4,390,890.000

————————

Soit une économie à réaliser de. 4,286,763,000

Ce résultat n'a pas besoin de commentaires; aussi passons-nous immédiatement au dernier point qui doit nous occuper : la recherche du capital nécessaire pour construire et exploiter les lignes à créer.

§

Nous avons expliqué, en commençant, que les bases admises en fait d'opérations relatives à l'établissement des lignes ferrées consistaient à calculer :

1° Le revenu probable de la ligne;

2° Le capital que ce revenu peut raisonnablement désintéresser;

3° A demander ce dernier par voie de souscription aux capitaux particuliers, le complément nécessaire étant fourni en diverses proportions par l'État, par les départements, par les communes. C'est ainsi, nous l'avons vu, qu'une somme de 4,286,763,000 francs doit venir grever lourdement ces divers budgets, si ce que nous proposons, *l'utilisation des routes ordinaires*, n'est pas accepté.

Ce dernier point étant admis, le capital à dépenser est encore de 70.000 francs par kilomètre, soit, nous venons de le voir, pour le réseau entier : 4.390,890,000 francs, en admettant la base de 62,727 kilomètres.

Ce chiffre est certes encore considérable.

Mais la situation est changée. Nous ne nous trouvons plus en présence d'une dépense à faire sans bénéfice, mais devant des avances dont la rémunération doit être plus ou moins large, suivant les lignes et les contrées traversées.

Nous avions, avant, un capital à enterrer ; c'est maintenant une exploitation industrielle qu'il s'agit de former.

La question est bien changée ; ainsi posée, deux moyens principaux se présentent pour la résoudre :

L'action gouvernementale par le concours
réuni de l'État, des départements et des communes ;

L'action industrielle, au moyen de sociétés
ordinaires par actions, combinées avec le premier
élément.

Dans le premier cas, les départements se trouveront, pour l'importance des sommes à dépenser, dans une situation analogue à celle qu'ils
ont aujourd'hui, c'est-à-dire que le capital à
fournir par eux serait à peu de chose près le
même que s'il s'agissait de subventions à donner, mais avec cette différence, considérable cependant, que ce capital, au lieu de rester impro-
ductif, deviendrait la source d'un revenu toujours
croissant.

Dans cette combinaison se placerait, à un ex-
cellent titre, le concours des maitres de poste.
Ainsi que nous l'avons fait remarquer dans une
autre occasion, on trouverait là un lien d'orga-
nisation générale, qui faciliterait l'établissement
du réseau désiré et permettrait un acte de juste
réparation.

Mais, il ne faut pas se le dissimuler, les départements, les communes, ne sont pas toujours en

position de s'imposer des dépenses aussi considérables que celles dont il est question. Le second
moyen énoncé se présente alors, il obvie à cette
situation.

Ce moyen consiste dans l'action combinée des
capitaux particuliers, du trésor public. Etant
admis une dépense de 70,000 francs par kilomètre, il s'agirait de partager cette dépense
entre les compagnies financières qui pourraient
se former et les départements. Le capital fourni
par chacun des intéressés serait dès lors de
35,000 francs par kilomètre.

Il est facile de comprendre que, dans une
entreprise de cette nature, représentée par
une multitude de voies servant des intérêts divers, il serait assez difficile de pressentir le revenu probable de chaque ligne. De cette situation pourrait résulter, pour les capitaux
à engager, certaines appréhensions qu'il faut
éviter.

Le capital est, en effet, toujours méfiant; il
ne se porte vers les affaires qu'autant qu'il y
trouve sécurité et profit; il faut donc lui donner
toute garantie. Un moyen simple se présente de
lui donner cette garantie. Ce moyen serait d'as-

surer en faveur du capital-actions un intérêt de
6 0/0. Cet intérêt, garanti par les départements,
serait perçu avant toutes choses sur le produit
net de l'opération ; le reste du bénéfice serait
partagé par moitié entre les départements et
moitié par le capital-actions.

Cette combinaison offre d'immenses avantages.

En servant au capital-actions le revenu annuel
qu'il est en droit d'exiger, elle lui donne en plus
une part de bénéfice. Elle fait alors de ce place-
ment une excellente opération, qui en assure le
succès ; de plus, elle débarrasse la question de
toutes éventualités, puisqu'elle laisse aux départements l'aléa qu'ils doivent équitablement subir.
c'est-à-dire l'infériorité relative que certaines
lignes pourront avoir dans leur rendement et qu'il
est naturel de faire supporter par ceux-là mêmes
qu'elles obligent. Enfin elle réduit la part contributive des deniers publics à 2,195,445,000 francs,
tout en assurant à cette dernière somme un revenu qui prendra avec le temps un développement considérable.

L'avenir, en effet, réserve une large part aux
exploitations de ce genre. Si l'on considère ce
qu'étaient les transports avant les voies ferrées,

ce qu'ils ont été depuis, il est facile de juger combien rapide est l'accroissement du trafic par chemin de fer et, par conséquent, combien est destiné à progresser le revenu qu'apporteront ces voies nouvelles.

Un exemple, que reproduisait ces jours-ci la presse quotidienne, mérite d'être cité :

« La Compagnie du chemin du Nord, qui,
« pendant la première année de son exploita-
« tion, avait transporté 61.000 tonnes de houille,
« ayant abaissé ses tarifs, a vu en seize ans dé-
« cupler cette partie de son trafic. En 1855,
« c'est à 655,000 tonnes que s'élevait la quan-
« tité de houille qu'elle charriait. Dix ans plus
« tard, de nouvelles réductions de ses prix de
« transport avaient tout naturellement amené
« un plus grand accroissement dans le chiffre
« du combustible transporté; c'est en effet à
« 2,600,000 tonnes que nous avons vu monter,
« en 1865, la houille chargée sur les waggons
« du chemin de fer du Nord. »

(La Liberté, 3 novembre 1866.)

A côté de la question de bénéfices que nous venons de toucher, s'en trouve une non moins importante qu'amènerait la combinaison que nous présentons : nous voulons parler du prompt achèvement des travaux projetés.

En effet, le capital-actions serait immédiatement souscrit et employable; il laisserait à l'État, aux départements, aux communes, le temps de grouper leurs ressources; de tous côtés, sans les attendre, la transformation pourrait commencer; en peu d'années, le progrès si vivement désiré serait réalisé.

Un autre résultat serait encore atteint. La possibilité d'opérer d'ensemble sur le réseau français, de réunir par conséquent les intérêts des différents départements, de les relier entre eux par des voies communes, aurait l'immense avantage de conserver une homogénéité nécessaire entre tous les services. Cette homogénéité serait difficile à obtenir, si chaque département agissait isolément, pour ses seules convenances. Avec l'utilisation des routes elle devient une conséquence de leur emploi. Or, ce résultat est précieux au point de vue des transactions générales, que les nouvelles lignes doivent féconder.

Nous finissons.

Résumant en dernière analyse les conséquences

du travail que nous venons d'exposer, il ressort
de tout ce qui précède :

1° Qu'une économie de 4 milliards et demi
peut être faite, soit le coût tout entier de la
plate-forme des voies;

2° Que la part contributive des départements,
de l'État ou des communes, peut être réduite à
35,000 francs par kilomètre, soit à 2,195,445,000
pour le réseau, avec participation pour cette
part tout entière dans les bénéfices communs,
tandis qu'actuellement cette contribution serait.
sans bénéfice. d'au moins 90,000 francs par kilomètre, soit de 5,645,430,000 francs;

3° Qu'une sécurité complète et une rémunération suffisante sont données au capital-actions,
ce qui assure sa formation;

4° Que l'exécution du réseau serait d'autant
plus rapide que les travaux relatifs à la plate-
forme sont évités.

Nous nous arrêtons, toute démonstration devenant superflue. Nous laissons aux principaux
intéressés, c'est-à-dire aux départements, le soin
de juger les moyens que nous présentons. Nous
nous bornons à dire que si ces moyens étaient
agréés, le capital utile, demandé dans les condi-

tions que nous venons d'indiquer, serait vite souscrit et qu'avant peu notre pays, si riche par son sol, par son commerce, par son industrie, serait mis en possession de voies qui sont maintenant une conséquence de ce qui a été fait, et désormais une nécessité de la prospérité publique.

CH. TELLIER.

§

Le travail qui précède était à peine achevé,
que.plusieurs journaux publiaient une lettre de
M. le duc de Persigny adressée à M. de la Gué-
ronnière.

Cette lettre ayant été livrée à la publicité,
nous ne croyons pas indiscret d'en reproduire
quelques passages. Il est impossible, en effet,
de préciser d'une manière plus claire et plus
logique l'opportunité de la question des chemins
de fer départementaux, aussi la nécessité de
presser l'exécution de leur réseau.

Voici comment s'exprime cette lettre :

« Quelles que soient les circonstances du mo-
« ment ou les incidents de la politique, nous ne

« devons jamais oublier que nous sommes en
« train d'accomplir une transformation considé-
« rable dans ce que l'on peut appeler l'outillage
« industriel du pays, c'est-à-dire l'ensemble des
« voies de communication que les besoins de
« notre époque imposent aux sociétés. Or, selon
« que nous aurons terminé cet outillage plus
« ou moins vite, plus ou moins bien, nous au—
« rons plus ou moins établi les bases de notre
« prospérité et assuré notre importance dans le
« monde. Cette nécessité s'est fait sentir dans
« tous les temps.

« Lorsque les routes romaines, usées ou dé-
« truites pendant les guerres de la succession
« carlovingienne, eurent amené le fractionne-
« ment féodal par l'absence de communications
« régulières, la société n'eut plus d'autre moyen
« de pourvoir aux échanges nécessaires à ses be-
« soins que par le service des bêtes de somme.
« Ce fut alors une lutte entre les diverses con-
« trées, à qui en aurait le plus à sa disposition,
« comme, plus tard, à qui les remplacerait le
« plus vite par les voitures et les bêtes de trait,
« quand on commença à refaire les routes. La
« supériorité entre les Etats était assurée à qui

« opérait le plus rapidement ces transformations.
« Puis arriva l'invention des canaux et avec elle
« une nouvelle cause d'émulation entre les peu-
« ples, mais dans laquelle, malheureusement,
« nous nous laissâmes devancer par l'Angleterre,
« car c'est certainement à la manière plus ra-
. « pide, plus économique ou plus pratique avec
« laquelle ils exécutèrent la canalisation de leur
« territoire, que nos voisins durent de nous pré-
« céder d'un siècle dans la voie des richesses
« commerciales.

« Aujourd'hui, les chemins de fer ont donné
« aux sociétés européennes une bien autre im-
« pulsion. *Mais, pour nous maintenir avec hon-*
« *neur au milieu de l'activité universelle, nous*
« *n'avons pas de temps à perdre.* Il faut que
« tout notre système de communication, chemins
« de fer, routes, chemins vicinaux, canaux ; que
« tout notre outillage agricole, industriel, com-
« mercial, amélioré, perfectionné, en vue de la
« rapidité et du bon marché des transports, soit
« terminé le plus tôt possible, coûte que coûte.
« Que cette œuvre s'achève rapidement, et nous
« ne serons embarrassés, ni nous ni nos enfants,
« pour en rembourser le prix.

« D'ailleurs, cette grande opération accomplie
« n'est pas seulement commandée par l'intérêt
« du pays, c'est un devoir que l'État a contracté
« le jour où il a donné, et il a eu raison de le
« faire, un milliard de subvention aux compa-
« gnies pour exécuter nos grandes lignes. Car
« qui a payé ce milliard? La France entière,
« c'est-à-dire aussi bien les populations privées
« de voies ferrées et restées pauvres, que celles
« qui ont été enrichies par la traversée, sur leur
« territoire, de ce puissant élément de pros—
« périté. »

Devant ce langage aussi hautement précis,
tous commentaires deviennent inutiles; il n'y a
plus qu'à attendre l'initiative de ceux qui doivent diriger le mouvement, et, nous en sommes
convaincus, ils ne failliront pas à la tâche que le
progrès leur impose.

FIN

Paris. — Typ. E. Panckoucke et Ce, quai Voltaire, 13.

MOTEUR AMMONIAQUE

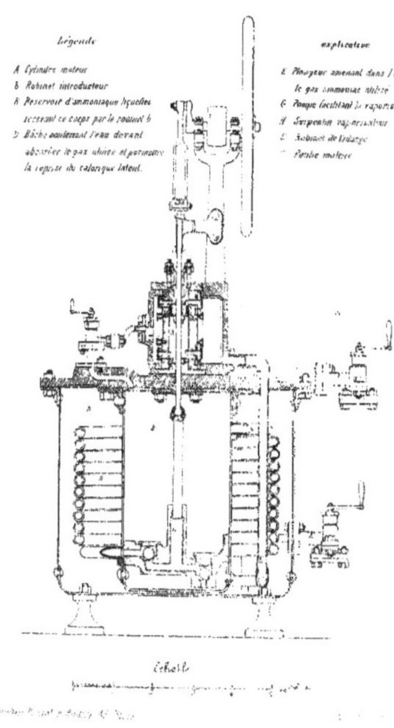

Échelle

9 782329 697529